27 Janvier 1911

MEUBLES ET TAPISSERIES

ANCIENS ET MODERNES

OBJETS D'ART — TAPIS

Me ROBERT BIGNON

COMMISSAIRE-PRISEUR

CATALOGUE

DES

Meubles Anciens et Modernes

Chambre à coucher de la Maison DAGER,
Chambre laquée, Salons style Louis XVI, Consoles, Commodes,
Bibliothèques, Bahuts, Bureaux, Commode Régence,
Armoires et Encoignures Louis XV, Poudreuse, Guéridon,
Chaises et Fauteuils Louis XV et Louis XVI

OBJETS D'ART

Statues en marbre de Canova, Garnitures de cheminées,
Gaine en marbre style Empire, Pendule Louis XVI, Pendule en marqueterie
de Boule, Chenets Louis XVI, Service en métal argenté

MINIATURES, TABLEAUX, GRAVURES

FAIENCES, PORCELAINES

Tapisseries-Verdures et à personnages

TAPIS, RIDEAUX

FOURRURES

DONT LA VENTE AURA LIEU

HOTEL DROUOT, SALLE N° 11

LE VENDREDI 27 JANVIER 1911

à deux heures

Mᵉ ROBERT BIGNON, Commissaire-Priseur

41, rue de la Victoire

EXPOSITION PUBLIQUE

Le Jeudi 26 Janvier 1911, de 2 heures à 6 heures

CONDITIONS DE LA VENTE

Elle sera faite au comptant.

Les adjudicataires paieront *dix pour cent* en sus des enchères.

L'exposition mettant le public à même de se rendre compte de l'état et de la nature des objets, aucune réclamation ne sera admise une fois l'adjudication prononcée.

Paris. — Imp. de l'Art, CH. BERGER, 41, rue de la Victoire.

DÉSIGNATION

FAIENCES ET PORCELAINES

1 — Lot de poteries en terre cuite.

2-3 — Deux statuettes de petits personnages en porcelaine décorée.

4 — Paire de doubles salières en porcelaine allemande, décor à oiseaux.

5 — Aiguière et son plateau en faïence décorée.

6 — Paire de vases en porcelaine allemande, décor à fleurs et fruits en relief.

7 — Plaquette en porcelaine de Sèvres, décorée, sujet à scène galante.

8 — Sucrier en porcelaine de Sèvres fond blanc, décor à fleurettes et palmettes.

9 — Tête-à-tête Empire en porcelaine blanche, composé d'un plateau de forme ronde, de deux tasses et soucoupes, d'une cafetière, d'un sucrier et d'un pot à crème.

10 — Vase en céladon décoré, monture Louis XV en bronze doré, à rocailles.

GRAVURES ET TABLEAUX

11 — Deux gravures anglaises : Courses.

12 — Deux caricatures anglaises.

13 — Suite de six gravures en couleurs : Paul et
Virginie, d'après SCHALL.

14 — Gravure en couleurs : le Menuet de la
Mariée.

15 — Gravure en noir, représentant un Bal donné
à Versailles en 1763.

16 — ÉCOLE ANCIENNE. Roméo et Juliette au balcon.

17 — ECOLE ANCIENNE. Scène de chasse : cavaliers,
animaux et personnages ; au premier plan,
canard dans une mare. Gouache. Cadre en bois
sculpté.

18 — ECOLE ANCIENNE. Portrait d'un Mathématicien.

19 — ECOLE ANCIENNE. *Ecce homo.*

20 — ECOLE FLAMANDE (1818). La Descente de la
Croix.

21 — ROBINET (Paul). Le Passeur.

22 — ZIEM. Vue de Venise.

OBJETS D'ART ET DE VITRINE
MINIATURES

23 — Statue en marbre, représentant une femme debout, drapée, tenant dans le bras gauche une corne d'abondance.

Haut., 1 m. 50 cent.

24 — Statue en marbre : Baigneuse, de CANOVA. Epoque Louis XVI.

Haut., 1 m 30 cent.

25 — Pendule Louis XIV, avec fronton et socle d'applique, en marqueterie d'écaille et de cuivre, ornée de bronze doré et ciselé à sujets allégoriques, et surmontée d'un guerrier.

26 — Pendule Louis XVI en bronze doré et ciselé, allégorie à l'Amour, avec attributs de musique, feuilles de laurier et vase ; elle repose sur quatre pieds.

27 — Service en métal argenté, se composant de dix-huit couverts, dix-huit couverts à entremets, dix-huit couteaux, trente-cinq couteaux à entremets, vingt-quatre cuillers à café, douze fourchettes à huitres, une louche, un service à découper, une cuiller à ragoût, une pelle à glace, un couteau à fromage et deux nécessaires à entremets.

28 — Statuette en biscuit, signée : *Hippolyte Moreau.*

29 — Statuette en bronze : le Siffleur. .

30 — Paire de flambeaux en bronze doré et marbre, formés par des enfants et guirlandes.

31 — Garniture de cheminée en marbre blanc et bronze ; elle se compose d'une pendule formée par trois amours soutenant une boule émaillée bleu, et de deux candélabres formés par un amour soutenant un vase d'où s'échappe un bouquet à quatre lumières. Style Louis XVI.

32 — Paire de vases en cristal taillé, monture en bronze doré, anses à cols de cygnes. Style Empire.

33 — Paire de vases-cassolettes en marbre vert de mer, monture en bronze doré à feuillages et têtes de boucs. Style Louis XVI.

34 — Gaine en marbre vert, ornée de motifs en bronze doré : femmes ailées, pieds à griffes. Style Empire.

35 — Paire d'appliques en bronze doré à quatre lumières, à nœuds de rubans. Style Louis XVI.

36 — Paire de flambeaux Empire en bronze doré et patiné.

37 — Pendule Empire, à colonnettes en acajou et bronze doré.

38 — Paire de chenets, époque Louis XVI, en bronze doré et ciselé, à rosaces et pommes de pin.

39 — Pendule en cristal taillé, motifs et appliques en bronze doré. Style Empire.

40 — Paire de candélabres à trois lumières en bronze doré, à cariatides de femmes, et carquois dans le bas. Style Empire.

41 — Quatre appliques en bronze doré, dont deux ornées de cristaux. Style Louis XV.

42 — Paire de bouts-de-table à quatre lumières en bronze, décor à draperies et guirlandes. Style Louis XVI.

43 — Cartel en bronze doré, surmonté de guirlandes et amours. Style Louis XV.

44 — Pendule Louis XVI en marbre blanc et noir, ornée de bronzes dorés, et surmontée d'un aigle sur une boule.

45 — Buste de jeune femme en marbre blanc, la tête recouverte d'un châle.

46 — Paire de chenets style Louis XVI en bronze doré, à draperies.

47 — Paire de chenets en bronze du Japon, à pagodes et têtes d'éléphants.

48 à 52 — Sept miniatures, représentant des portraits d'hommes et femmes en costumes divers. (Seront divisées.)

53 — Miniature : Portrait d'homme, les épaules recouvertes d'un manteau de drap gris, col échancré et cravate rose.

54 — Miniature représentant un personnage de la Révolution, la tête coiffée d'un bonnet phrygien.

55 — Miniature : Portrait de la duchesse de Polignac.

56 — Miniature représentant une jeune femme coiffée d'un bonnet à ruban bleu, au cou un collier de perles.

57 — Miniature : Portrait de femme, la tête coiffée d'un chapeau de paille orné de rubans roses.

58 — Miniature : Portrait d'homme, avec décorations.

59 — Petit coffret en marqueterie d'écaille et de cuivre.

60 — Boîte en vermeil, ornée d'une miniature : Amours et enfants.

61 — Statuette en ivoire, représentant un mandarin.

62 — Petit groupe de deux personnages en ivoire sculpté.

63 — Trois carafons et quatre verres Empire en cristal taillé.

64 — Grand vase normand en cuivre, avec anse.

65 — Deux statuettes d'appliques en bronze sur fond de peluche, cadres en palissandre.

66 — Surtout de table en métal argenté, à fond de glace.

67 — Jardinière à double fond en métal argenté, à fleurs en relief.

MEUBLES ANCIENS & MODERNES

68 — Grande chambre à coucher en noyer sculpté, de la *Maison Dager*, se composant d'un lit de milieu à quatre colonnes soutenant un dais entouré d'un bandeau en peluche brodée, d'une armoire à deux portes à glaces biseautées, avec colonnes sur les côtés et surmontée d'un fronton à tête de lion, et de deux tables de nuit forme gaine, à dessus-de marbre.

69 — Table à deux tiroirs en noyer sculpté, reposant sur quatre pieds reliés par un entrejambe.

70 — Deux chaises en noyer sculpté à colonnettes, recouvertes de peluche.

71 — Petite commode en acajou de forme demi-
lune, tiroirs à coulisses, dessus marbre, entourée d'une galerie de cuivre ajouré. Style
Louis XVI.

72 — Cabinet italien en ébène, avec incrustations
en ivoire.

73 — Bibliothèque à deux corps en acajou mou-
cheté, s'ouvrant à deux portes dans le haut
et deux portes dans le bas.

74 — Méridienne en acajou, avec coussin en maro-
quin rouge.

75 — Petite table à jeu Louis XV en acajou.

76 — Commode Régence en palissandre, ornée de
bronzes ciselés à cariatides et coquilles; elle
s'ouvre à quatre tiroirs, dessus en marbre veiné.

77 — Petite armoire Louis XVI en acajou, s'ouvrant à deux portes dans le bas, et quatre tiroirs dans le haut, dessus en marbre blanc,
entouré d'une galerie de cuivre ajouré.

78 — Meuble d'entre-deux en acajou, s'ouvrant à
deux portes, dessus en marbre de couleurs.
Style Louis XV.

79 — Paire d'encoignures Louis XV en marqueterie de bois de couleurs, à bouquets et nœuds
de rubans, dessus en marbre, pieds et ser-
rures en bronze.

80 — Armoire Louis XV de forme basse en marqueterie de bois de rose et violette, dessus en
marbre veiné.

81 — Petite table à ouvrage de forme rectangu-
laire en bois de citronnier, dessus en marbre
gris ; elle s'ouvre à deux tiroirs, garnis de
cuivre.

82 — Bureau Louis XVI en bois de rose, dessus
en cuir, il s'ouvre à quatre tiroirs et repose
sur quatre pieds carrés garnis de cuivre.

83 — Poudreuse Louis XVI en marqueterie de bois
de couleurs, au carquois et attributs de musique.

84 — Guéridon en acajou à pieds cannelés, dessus
en marbre entouré d'une galerie de cuivre. Style
Louis XVI.

85 — Petite table Louis XVI en marqueterie de
bois de couleurs, à scènes galantes dans un
parc ; elle repose sur quatre pieds, s'ouvre à un
tiroir et une tirette.

86 — Console Louis XVI de forme demi-lune, en
acajou entourage perlé, elle repose sur quatre
pieds garnis de cuivre ; dessus en marbre gris
veiné, signée : *Jacob*.

87 — Chambre à coucher laquée blanc en bois
sculpté, à nœuds de rubans et pieds cannelés ;

elle se compose d'un lit de milieu, d'une table de nuit, et d'une commode-toilette à tiroirs, dessus de marbre surmonté d'une glace.

88 — Fauteuil Louis XIII en noyer, recouvert en soierie.

89 — Deux fauteuils Louis XVI laqués blanc, recouverts de soierie brochée.

90 — Table en bois de placage, ouvrant à un tiroir, reposant sur quatre pieds, style Louis XVI.

91 — Chaise-longue en deux parties, recouverte en velours frappé.

92 — Console Régence en bois sculpté et doré. Dessus marbre de couleurs.

93 — Quatre fauteuils Empire en acajou, recouverts en soierie, accoudoirs en bois sculpté et doré, formés par des ailes et des têtes d'aigles.

94 — Quatre chaises Louis XVI en bois sculpté, pieds à cannelures, recouvertes de velours frappé.

95 — Fauteuil Louis XV en bois sculpté, à feuilles et fleurs, recouvert en velours frappé.

96 — Salon de style Louis XVI en noyer sculpté, à perlés et couronne, recouvert d'étoffe brochée à fleurs ; se composant d'un canapé, deux fauteuils et quatre chaises.

97 — Chambre à coucher en pitchpin, composée d'un lit de milieu, d'une armoire à glace et d'une table de nuit.

98 — Paire de consoles, de style Louis XVI, en bois sculpté et laqué. Dessus en marbre blanc.

99 — Bibliothèque en marqueterie de bois de couleurs, s'ouvrant à quatre portes, dont deux vitrées ; elle est ornée de bronzes ciselés. Dessus en marbre. Style Louis XVI.

100 — Secrétaire Louis XVI en acajou. Dessus en marbre blanc entouré d'une galerie de cuivre.

101 — Deux chaises laquées blanc, de style Louis XVI, recouvertes en soierie bleue.

102 — Table-bureau en marqueterie de bois de rose, entourée de cuivre.

103 — Petite bibliothèque en marqueterie de bois de rose et palissandre.

TAPISSERIES, TAPIS, TENTURES
DENTELLES

104 — Tapisserie-verdure, à paysages, château et canards dans une mare; bordure à médaillons, oiseaux, fleurs et fruits.

3 mètres$\times$3 m. 72 cent.

105 — Tapisserie, à grands personnages et animaux, fond de verdure; bordure à feuillages et fruits.

3 m. 40 cent.$\times$2 m. 45 cent.

106 — Portière en tapisserie, verdure à paysage et oiseaux; bordure à fleurs et fruits.

1 m. 63 cent.$\times$2 m. 36 cent.

107 — Tapisserie, à grands personnages; bordure en deux tons.

2 m. 65 cent.$\times$2 m. 95 cent.

108 — Tapisserie moderne d'Aubusson : « La Partie de colin-maillard », fond de paysage.

2 m. 80 cent.$\times$2 m. 90 cent.

109 — Tapisserie moderne d'Aubusson, à paysage et oiseaux.

2 m. 40 cent.$\times$2 m. 50 cent.

110 — Morceau de tapisserie-verdure.

111 — Tapis d'Orient, fond rouge à médaillon ; encadrement fond blanc.

1 m. 90 cent.×1 m. 28 cent.

112 — Grand tapis de galerie de Smyrne, fond rouge à dessins blancs ; avec encadrement.

4 m. 50 cent. × 1 m. 77 cent.

113 — Tapis d'Orient, fond bleu, à dessins rouges ; encadrement fond blanc.

2 m. 10 cent. × 1 m. 25 cent.

114 — Paire de rideaux, dessus de lit et couvre-lit en soierie.

115 — Tapis d'Orient, fond clair à dessins ; encadrement fond rose.

3 m. 55 cent. × 2 m. 90 cent.

116 — Grand tapis d'Orient fond rose ; encadrement fond vert clair.

4 m. 30 cent. × 3 m. 80 cent.

117 — Tapis de table à broderie or et de couleurs.

118 — Petit tapis et deux grands bandeaux.

119 — Devant d'écran en tapisserie d'Aubusson fond jaune.

120 — Garniture de fauteuil en tapisserie d'Aubusson fond vert.

121 — Deux paires de rideaux en étoffe brochée à fleurs et soie, à bandes vertes et chaudrons.

122 — Paire de rideaux bleus.

123 — Trois coussins.

124 — Cinq paires de rideaux en peluche grenat, avec bandeaux brodés.

125 — Tentures murales en peluche.

126 — Dessus de lit en peluche.

127 — Carpette d'Orient, à dessins variés.

128 — Lot de dentelles diverses.

FOURRURES

129 — Grand manteau en zibeline.

130 — Grand manteau en loutre de mer.

131 — Manteau en loutre.

132 — Jaquette en astrakan.

133 — Objets omis.